Paramahansa Yogananda
(1893 – 1952)

# PELOTON
# ELÄMÄ

ILMENNÄ
SIELUSI SISÄISTÄ
VAHVUUTTA

Valittuja katkelmia
**Paramahansa Yoganandan**
puheista ja kirjoituksista

TIETOA KIRJASTA: *Peloton elämä – Ilmennä sielusi sisäistä vahvuutta* koostuu katkelmista, jotka on poimittu Paramahansa Yoganandan kirjoituksista, esitelmistä ja vapaamuotoisista puheista. Ne ovat ilmestyneet alkuaan hänen kirjoissaan, hänen vuonna 1925 perustamansa *Self-Realization* -lehden artikkeleissa, hänen koottujen puheidensa ja esseidensä kolmessa antologiassa sekä muissa Self-Realization Fellowshipin julkaisuissa.

Englanninkielinen alkuteos: *Living Fearlessly: Bringing out Your Inner Soul Strength*, julkaissut *Self-Realization Fellowship*, Los Angeles, Kalifornia

ISBN-13: 978-0-87612-469-7
ISBN-10: 0-87612-469-4

Suomentanut Self-Realization Fellowship
Copyright © 2014 Self-Realization Fellowship

Kaikki oikeudet pidätetään. Lukuun ottamatta lyhyitä kirja-arvioinneissa käytettäviä lainauksia mitään osaa kirjasta *Peloton elämä – Ilmennä sielusi sisäistä vahvuutta (Living Fearlessly: Bringing out Your Inner Soul Strength)* ei saa jäljentää, varastoida, välittää tai esittää missään muodossa eikä millään nykyään tunnetulla tai myöhemmin käyttöön otettavalla menetelmällä (sähköisesti, mekaanisesti tai muuten) – mukaan lukien valokopiointi, äänittäminen, tietojen tallennus- ja tulostusmenetelmät – ilman ennalta pyydettyä lupaa osoitteesta: Self-Realization Fellowship, 3880 San Rafael Avenue, Los Angeles, California 90065–3219, U.S.A.

 *Self-Realization Fellowship* -järjestön kansainvälisen julkaisuneuvoston hyväksymä

*Self-Realization Fellowship* -nimi ja yllä nähtävä tunnus esiintyvät kaikissa SRF-kirjoissa, äänitteissä ja muissa julkaisuissa varmistamassa, että ne ovat Paramahansa Yoganandan perustaman järjestön tuottamia ja seuraavat uskollisesti hänen opetuksiaan.

Ensimmäinen suomenkielinen *Self-Realization Fellowshipin*
tuottama painos, 2014
First edition in Finnish from Self-Realization Fellowship, 2014

Tämä painatus: 2014
This printing: 2014

ISBN-13: 978-0-87612-468-0
ISBN-10: 0-87612-468-6

1750-J2813

Teoksessaan *Joogin omaelämäkerta* Paramahansa Yogananda kertoi keskustelusta, jonka oli käynyt gurunsa Swami Sri Yukteswarin kanssa:

*"Guruji, haluaisin kuulla tarinoita lapsuudestanne."*
*"Minäpä kerron sinulle muutaman – ja kaikkiin niistä sisältyy opetus!" Sri Yukteswarin silmät tuikahtivat hänen antaessaan varoituksensa.*

*"Äitini yritti kerran pelotella minua kauhistuttavalla kertomuksella pimeässä komerossa vaanivasta aaveesta. Menin välittömästi komeroon ja olin pettynyt, kun kummitusta ei näkynytkään. Se oli viimeinen kauhujuttu, jonka äitini minulle kertoi.*

*"Opetus: katso pelkoa silmästä silmään, niin se lakkaa vaivaamasta sinua."*

# SISÄLLYS

Tee elämästäsi jumalallinen seikkailu .................... 1

Ajatuksia pelottomalle sielulle .................... 9

Käytännöllisiä vastalääkkeitä peloille ja huolille ........ 12

Poista pelon häiriökohina mielestäsi .................... 16

Peloton mieli ja terve keho .................... 23

Suo minun voittaa pelkoni .................... 25

Vapaudu huolten kantamisesta .................... 26

Leijona, josta tuli lammas .................... 34

Itse on voittamaton leijona .................... 38

Tie pysyvään pelottomuuteen: koe kuolemattomuutesi
   meditaation avulla .................... 39

Löydä sisäinen varmuus, että Jumala on kanssasi ....... 47

Pelottomuus merkitsee uskoa Jumalaan .................... 53

Epilogi: "Seiso järkähtämättä keskellä sortuvien
   maailmojen rysähdystä" .................... 60

# TEE ELÄMÄSTÄSI JUMALALLINEN SEIKKAILU

Elämä on suurin kuviteltavissa oleva seikkailu. Vaikka joidenkin elämä on suhteellisen mielenkiinnotonta ja ikävystyttävää, toisten on täynnä erikoislaatuisia kokemuksia. – – Yritys oivaltaa Hengen luonne on kuitenkin tämän maailmankaikkeuden suurin seikkailu. – –

## *Ystävysty Itsesi kanssa tunnustamalla jumalallinen luontosi*

Seikkailu villieläinten keskellä Etelä-Afrikassa ei ole mitään verrattuna itse elämän seikkailuun. Yksikään toinen tarina ihmiskunnan historiassa ei ole yhtä kiinnostava. Ihminen osaa älynsä avulla puolustautua eläimiltä, mutta hän ei osaa suojautua omilta ikäviltä tavoiltaan ja pahoilta tottumuksiltaan. Ihmisen pahin vihollinen on hän itse. Silloin kun ihminen on väärässä, hänen pitäisi pelätä

---

Otteita puheesta "Ihmisen suurin seikkailu", joka pidettiin Self-Realization Fellowshipin Kansainvälisessä päämajassa, Los Angelesissa. Puhe on julkaistu kokonaisuudessaan teoksessa *Man's Eternal Quest* (Paramahansa Yogananda: *Collected Talks and Essays, Volume 1*).

itseään enemmän kuin henkilökohtaisia tai valtiollisia vihollisia, enemmän kuin taudinaiheuttajia, pommeja tai muita uhkia. Kun et ymmärrä jumalallista luontoasi ja pahat tavat hallitsevat elämääsi, muutut omaksi viholliseksesi. Paras tapa menestyä elämän seikkailussa on ystävystyä Itsesi kanssa. Krishna sanoi: "Todellinen Itse on (henkisesti edistyneen) itsesi ystävä, mutta paatuneen itsesi vihollinen."[1]

## Salakavalat viholliset

On helppoa kuvitella lähtevänsä tutkimusmatkalle villiin ja tutkimattomaan maahan. Jos matkustamme laivalla, otamme mukaan pelastusveneen: sen avulla voimme pelastautua, jos höyrylaiva uppoaa. Vaikuttaa kuitenkin siltä, että monien elämänkokemusten kohdalla pelastusveneemme vuotaa teimmepä minkälaisia varotoimenpiteitä tahansa.

Eläimiä kuhisevassa viidakossa pystymme suojautumaan pedoilta melko hyvin, mutta salakavalia vaaroja on vaikeampi välttää ja torjua. Miten esimerkiksi suojautua taudinaiheuttajien hyökkäykseltä? Miljoonia viruksia ja bakteereita leijuu ympärillämme jatkuvasti. – – Luonto muodostaa soluista suojakerroksen niitä vastaan, mutta se

[1] *Bhagavadgita* VI:6

## Tee elämästäsi jumalallinen seikkailu

toimii vain niin pitkään kuin kehon vastustuskyky säilyy. Tämä kamppailu elämästä on käynnissä alituiseen elämän näkymättömässä sisäisessä viidakossa! – –

Voidakseen kulkea turvallisesti tuossa elämän viidakossa pitää varustautua oikeanlaisilla aseilla. – – Viisas, joka on aseistautunut kaikkien sodankäynnin muotojen varalta – tauteja vastaan, kohtaloa ja karmaa vastaan, kaikkia pahoja ajatuksia ja tapoja vastaan – seikkailee voitokkaasti. Se vaatii huolellisuutta, ja lisäksi meidän pitää omaksua muutamia keinoja, joiden avulla voimme kukistaa vihollisemme. – –

Jumala on antanut meille äärimmäisen tehokkaan suojavarusteen; se on voimakkaampi kuin konetuliaseet, sähkö, myrkkykaasu tai mikään lääke – ja se on meidän mielemme. Meidän tuleekin vahvistaa juuri mieltämme.

– – Tärkeä osa elämän seikkailua on pystyä hallitsemaan mieltään – ja pitää sitten tuo palvelukseen valjastettu mieli viritettynä Jumalan taajuudelle. Tämä on onnellisen ja menestyksekkään olemassaolon salaisuus. – – Tämä onnistuu harjoittamalla mielenvoimia ja virittämällä mieli Jumalaan meditaation avulla. – – Helpoin tapa nujertaa sairaudet, pettymykset ja katastrofit on olla jatkuvasti sopusoinnussa Jumalan kanssa.

## Paras apu on virittäytyä yhteen Hengen kanssa

Olemme kuin elämän metsikössä harhailevia pikku lapsia, joiden on pakko oppia kantapään kautta ja pudota sairauksien ja väärien tapojen sudenkuoppiin. Korotamme äänemme kerta toisensa jälkeen avunhuutoon, mutta parhaan avun saamme virittäytymällä yhteen Hengen kanssa.

Joutuessasi vaikeuksiin rukoile: "Herra, olet minussa ja kaikkialla ympärilläni. Olen Sinun läsnäolosi linnassa. Olen kamppaillut halki elämän, ja monenlaiset kuolettavat viholliset ovat minua piirittäneet. Nyt näen, että ne eivät todellisuudessa ole tuhoni välikappaleita: Sinä olet lähettänyt minut maan päälle koetellaksesi voimiani. Käyn koettelemukset läpi vain vahvistaakseni itseäni. Olen valmis taistelemaan minua piirittäviä pahan voimia vastaan ja tulen kukistamaan ne Sinun läsnäolosi kaikkivaltiudella. Ja kun olen seikkaillut läpi tämän elämäni, totean: 'Herrani, oli vaikeaa olla urhea ja taistella, mutta mitä suurempi oli kauhuni, sitä suuremmaksi kasvoi Sinun antamasi sisäinen rohkeuteni. Sen avulla olin voittoisa ja oivalsin, että minut on tehty Sinun kuvaksesi. Sinä olet maailmankaikkeuden Kuningas ja minä Sinun lapsesi, universumin prinssi. Mitä minun muka pitäisi pelätä?'"

*Tee elämästäsi jumalallinen seikkailu*

Heti kun tajuat syntyneesi ihmisolennoksi, kaikki maailman pelot iskevät voimalla kimppuusi. Vaikuttaa siltä, että pakoreittiä ei ole. Noudatitpa kuinka tarkkoja varotoimia tahansa, jotain tuntuu aina unohtuvan. Ainoa turvasi on Jumalassa. Oletpa sitten Afrikan viidakoissa, sodassa tai sairauksien ja köyhyyden runtelema, kutsu vain Herraa ja usko: "Olen Sinun läsnäolosi panssariautossa matkalla elämän sotatantereiden halki. Olen turvassa."

Muuta turvaa ei maailmassa ole. Käytä tervettä järkeä ja luota täysin Jumalaan. En yritä ehdottaa mitään kovin kummallista: kehotan vain vakuuttamaan itsellesi tätä totuutta ja uskomaan siihen: "Herra, ainoastaan Sinä kykenet minua auttamaan." Perin monet ovat kaatuneet tautien ja väärien tottumusten juoksuhautoihin eivätkä ole pystyneet kampeamaan itseään sieltä ylös. Älä koskaan väitä, ettet voisi selviytyä. Epäonnesi on vain väliaikaista. Yhden elämän epäonnistuminen ei vielä määrää, oletko menestynyt vai et. Voittoisan asenne on peloton: "Olen Jumalan lapsi. Minulla ei ole mitään pelättävää." Joten pelko pois. Elämä ja kuolema ovat vain tajuntasi erilaisia prosesseja.

## Vapauta sisällesi hautautunut sielun kuolemattomuus

Kaikki, mitä Herra on luonut, koettelee meitä vain, jotta vapauttaisimme sisäämme haudatun sielun kuolemattomuuden. Siinä kiteytyy elämän seikkailu ja se on elämän tarkoitus. Ja jokaisen seikkailu on erilainen ja ainutlaatuinen. Sinun pitäisi olla valmis käsittelemään kaikkia kehon, mielen ja sielun ongelmia terveellä järjellä ja Jumalaan uskoen. Tiedosta tämä: Elämä ja kuolema eivät voi kukistaa sieluasi. Et voi milloinkaan kuolla. "Mikään ase ei voi lävistää sielua, mikään tuli ei voi sitä polttaa, mikään määrä vettä ei voi sitä kastella eikä mikään tuuli kuihduttaa. – – Sielu on jakamaton, kaiken läpäisevä, iäisesti tyyni ja liikkumaton – iankaikkisesti sama."[2] Sinä olet ikuisesti Hengen kuva.

Eikö olekin vapauttava tunne tietää, että kuolema ei voi meitä surmata? Kun sairaus iskee ja keho tekee tenän, sielu ajattelee: "Olen kuollut!" Mutta Herra ravistelee sielua ja sanoo: "Mikä sinua vaivaa? Et ole kuollut. Sillä etkö muka ajattele edelleen?" Pommi repii sotilaan kehon kappaleiksi. Hänen sielunsa huutaa: "Herrani, minut tapettiin!" Ja Jumala virkkaa: "Ei sinua tietenkään tapettu! Etkö

[2] *Bhagavadgita* II:23–24.

juuri puhu minulle? Mikään ei voi tuhota sinua, lapseni. Uneksit vain." Silloin sielu oivaltaa: "Ei tämä hirmuista olekaan. Se olikin ainoastaan väliaikainen, maanpäällinen tietoisuuteni, joka sai minut uskomaan, että olen sama kuin fyysinen ruumiini. Sen takia luulin häviäväni, kun menetin kehoni. Olin unohtanut, että olen ikuinen sielu."

## *Elämän seikkailun päämäärä*

Aidot joogit pystyvät hallitsemaan mieltään kaikissa olosuhteissa. Kun saavutat tuon täydellisyyden, olet vapaa. Silloin tajuat, että elämä on jumalallinen seikkailu. Jeesus ja muut suuret sielut ovat todistaneet tämän. – –

Pääset elämäsi seikkailussa loppuun vasta sitten, kun olet nujertanut tahdon- ja mielenvoimallasi kaikki vaarat, kuten Suuret tekivät. Silloin voit katsoa taaksepäin ja todeta: "Herra, olipa melkoisen kauhea kokemus. Olin vähällä epäonnistua, mutta nyt olen Sinun läsnäolosi varjeluksessa ikuisesti."

Näemme elämämme ihmeellisenä seikkailuna, kun Herra lopulta sanoo: "Kaikki nuo kauhistuttavat koettelemukset ovat päättyneet. Olen sinun kanssasi iankaikkisesti. Mikään ei voi vahingoittaa sinua."

Ihminen on elämän edessä kuin lapsi, mutta hänen mielensä vahvistuu, kun hän joutuu kamppailemaan

*Peloton elämä*

sairauksia ja vaikeuksia vastaan. Kaikki mieltä heikentävät tekijät ovat suurimpia vihollisiasi; kaikki mieltä vahvistavat tekijät ovat turvasi. Naura kaikille vaikeuksille. — — Tiedä, että olet kestävä ikuisesti Herrassa.

# AJATUKSIA PELOTTOMALLE SIELULLE

Kohtaa kaikki elämän taistelukentillä vastaantulevat ihmiset ja kaikki olosuhteet sankarin rohkeudella ja voittajan hymyllä.

---

Olet Jumalan lapsi. Mitä pelättävää sinulla on?

---

Meidän on uskottava kykyihimme ja meillä on oltava toivoa oikeuden voitosta. Ellei meillä ole noita ominaisuuksia, meidän pitää luoda ne omassa mielessämme keskittymällä. Tämä voidaan saavuttaa päättäväisellä ja pitkäkestoisella harjoittelulla.

Onneksi voimme aloittaa harjoittelun missä ja milloin tahansa ja keskittyä kehittämään niitä hyviä ominaisuuksia, joita meiltä puuttuu. Jos meiltä puuttuu tahdonvoimaa, keskittykäämme siihen: tietoisella yrittämisellä pystymme kyllä luomaan väkevän tahdonvoiman. Mikäli haluamme vapautua peloistamme, meidän pitää meditoida rohkeutta:

*Peloton elämä*

ajan mittaan pystymme karistamaan pelon kahleet yltämme.

Keskittymisen ja meditaation avulla meistä tulee vahvoja.

———•———

Vaikeuksista voi aina päästä eroon, ja jos ajattelet selkeästi ja kärsivällisesti, miten päästä eroon ahdistuksesi alkusyystä sen sijaan, että vain murehtisit, sinusta tulee mestari.

———•———

Pidä aina mielessäsi: "Mikään ei voi satuttaa minua. Mikään ei voi järkyttää minua." Oivalla ja sisäistä, että olet yhtä hyvä kuin paraskin meistä, yhtä voimakas kuin voimakkain meistä. Sinun pitää uskoa itseesi lujemmin.

———•———

Joka uskoo oman sielunsa jumalallisuuteen, todelliseen luontoonsa, ja joka rakastaa Jumalaa ja uskoo Hänen kaikkivoipaisuuteensa, pääsee nopeasti eroon kärsimyksestä. — — Uskon valo johdattaa hänen tietoisuutensa kuolevaisuuden ahtaasta ja synkästä tyrmästä kuolemattomuuden valtakuntaan.

———•———

*Ajatuksia pelottomalle sielulle*

Usko tarkoittaa tietoa ja vakaumusta siitä, että meidät on luotu Jumalan kuvaksi. Kun olemme sisäisesti sopusoinnussa Hänen tietoisuutensa kanssa, pystymme luomaan maailmoja. Muista, että tahdossasi piilee Jumalan kaikkivaltias voima.

# KÄYTÄNNÖLLISIÄ VASTALÄÄKKEITÄ PELOILLE JA HUOLILLE

Monet kääntyvät puoleeni murheineen. Kehotan heitä istumaan hiljaa paikoillaan, meditoimaan ja rukoilemaan. Tyynnyttyään he voivat ryhtyä ajattelemaan vaihtoehtoisia tapoja, joilla ongelma voidaan ratkaista tai eliminoida. Kun mieli on tyynesti keskittynyt Jumalaan ja usko Jumalaan on luja, he löytävät ratkaisun ongelmaansa. Pelkkä ongelmien sivuuttaminen ei ratkaise niitä, mutta ei myöskään niistä murehtiminen.

Meditoi, kunnes olet tyyni. Paneudu sitten ongelmaasi ja rukoile hartaasti Jumalan apua. Keskity ongelmaan, niin löydät siihen ratkaisun ilman hirvittävän rasittavaa murehtimistakin. – –

Muista: miljoonaakin pohdiskelua tärkeämpää on istua ja meditoida Jumalaa, niin että rauha valtaa sisimpäsi. Sen jälkeen sano Hänelle: "En pysty ratkaisemaan pulmaani yksin, vaikka ajattelisin lukemattomia ajatuksia. Mutta voin ratkaista ongelmani antamalla sen Sinuun käsiisi,

*Käytännöllisiä vastalääkkeitä peloille ja huolille*

pyytämällä ensin Sinun ohjaustasi, ja sitten päättävästi etenemällä pohtien eri mahdollisuuksia."

Jumala tosiaan auttaa niitä, jotka auttavat itseään. Kun rukoiltuasi Jumalaa meditaatiossa mielesi on tyyni ja uskoa täynnä, pystyt näkemään ongelmaan ratkaisuja; ja koska mielesi on levollinen, osaat valita niistä parhaan. Seuraa tuota ratkaisulinjaa ja onnistut. Tämä on uskonnon tieteen soveltamista arkielämään.

———•◆•———

Pelko kehittää pahanlaatuista magnetismia, jonka avulla se vetää puoleensa juuri pelättyjä asioita niin kuin magneetti vetää puoleensa rautaa, ja syventää näin kurjuuttamme. Pelko lisää ja vahvistaa fyysistä kipuamme ja mielemme tuskaa satakertaiseksi ja tuhoaa sydäntä, hermostoamme ja aivojamme. Se lamauttaa aloitekyvyn, rohkeuden, arvostelukyvyn, terveen järjen, tahdonvoiman ja vaistonvaraisen kyvyn välttää vaaroja. Pelko saastuttaa vilkkaan mielikuvituksen ja tuntemukset, ja niiden kautta pelko saattaa vaikuttaa niin voimakkaasti, että alitajuinen mieli nujertaa täysin kaikki tietoisen mielen pyrkimykset. Pelko heittää intuition eteen hunnun ja verhoaa luontaisen, sielusta kumpuavan itseluottamuksen kaikkivaltiaan voiman. – –

Kun loukkaantumisvaara uhkaa, älä tukahduta tietoisuutesi sisäistä luovaa koneistoa mieleesi hiipivällä pelolla. Käytä mieluummin pelkoa tietoisuutesi koneiston polttoaineena ja luo henkinen apuväline, jolla poistat välittömästi pelon aiheuttajan. Tällaisten pelon kukistavien välineiden kirjo on niin laaja, että ne pitää valmistaa erikseen mielen kaikkivoivan tietoisuuskoneiston avulla kunkin yksilöllisiin erityistarpeisiin. Älä siis istu toimettomana, kun vaara tai jokin kivulias kokemus uhkaa. Tee jotain tyynesti ja nopeasti, *kunhan vain teet jotain*, heti kun olet kerännyt kaiken tahdonvoimasi ja terästänyt arvostelukykysi. Tahdonvoima on se höyry tai käyttövoima, joka pyörittää aktiivisuuskoneistoa.

## Kitke sisäinen pelkosi keskittymällä rohkeuteen

Epäonnistumisen tai sairauden pelko kasvaa, jos tietoisessa mielessään pyörittelee tuollaisia ajatuksia niin pitkään, että ne juurtuvat alitajuntaan ja lopulta myös ylitietoisuuteen. Sitten alitajuntaan ja ylitietoisuuteen iskostunut pelko alkaa rönsyillä ja täyttää tietoista mieltä pelkokasveilla, joita ei ole niin helppo tuhota kuin alkuperäinen ajatus olisi ollut, ja lopulta nuo kasvit versovat myrkyllisiä kuolemanpelon hedelmiä.

*Käytännöllisiä vastalääkkeitä peloille ja huolille*

Ellet pysty tahdonalaisesti syrjäyttämään sairauden tai epäonnistumisen pelkoa, pyri kääntämään huomiosi pois siitä lukemalla kiinnostavia kirjoja tai paneutumalla harmittomiin huvituksiin. Silloin mieli unohtaa kiusata itseään pelkäämällä. Seuraavaksi voit pakottaa mielesi tarttumaan henkisiin apuvälineisiin, joilla kaivat pois arkielämästäsi ne perimmäiset syyt, jotka saattaisivat aiheuttaa epäonnistumisen tai sairauden.

Voit kitkeä nuo syyt keskittymällä ankarasti rohkeuteen ja siirtämällä tietoisuutesi sisäiseen absoluuttiseen Jumalan rauhaan. Kun osaat kitkeä psykologisesti pelon kielteisyyden, voit kääntää huomiosi myönteisiin metodeihin, joilla hankkia vaurautta ja terveyttä.

# POISTA PELON HÄIRIÖKOHINA MIELESTÄSI

Usein käy niin, että kun yrität virittää radiokanavaa, kohina estää sinua kuulemasta haluamaasi ohjelmaa. Samoin voi käydä, kun yrität saada aikaan jonkin muutoksen sydämessäsi: "häiriökohina" voi pysäyttää edistymisesi. Tuon kohinan muodostavat sinun pahat tapasi.

Pelko on toinen häiriökohinan muoto, joka vaikuttaa mielesi radioon. Hyvien ja pahojen tapojen lailla myös pelko voi olla sekä rakentavaa että tuhoavaa. Jos esimerkiksi vaimo sanoo, "Mieheni pahastuu, jos menen illalla ulos, joten en mene", häntä motivoi rakastava pelko, joka on rakentavaa. Rakastava pelko ja orjamainen pelko ovat eri asioita. Minä puhun rakastavasta pelosta, joka saa ihmisen varomaan, ettei suotta loukkaa toista. Orjamainen pelko halvaannuttaa tahdon. Perheenjäsenten tulisi vaalia ainoastaan rakastavaa pelkoa, eikä heidän pitäisi koskaan

---

Otteita puheesta "Eliminating the Static of Fear from the Mind Radio", joka pidettiin Self-Realization Fellowshipin temppelissä, Kalifornian Encinitasissa. Puhe on julkaistu kokonaisuudessaan teoksessa *Man's Eternal Quest* (Paramahansa Yogananda: *Collected Talks and Essays, Volume I*).

pelätä totuuden puhumista. Suorittaa velvollisuutensa tai uhrata omat toiveet rakkaudesta toiseen ihmiseen on paljon parempi kuin tehdä sama pelon vuoksi. Ja kun pidättäydyt rikkomasta jumalallisia lakeja, sen pitäisi tapahtua rakkaudestasi Jumalaan, ei rangaistuksen pelosta.

## Pelko ei pääse tyyneen sydämeen

Pelko syntyy sydämessä. Jos joskus tunnet itsesi voimattomaksi pelätessäsi jotain sairautta tai onnettomuutta, hengitä syvään – sisään ja ulos – hitaasti ja rytmikkäästi useita kertoja ja tunne, kuinka rentoudut jokaisen uloshengityksen myötä. Tämä auttaa verenkiertoa palautumaan normaalitilaan. Jos sydämesi on todella levollinen, et voi tuntea lainkaan pelkoa.

Sydämessä syntyy ahdistusta, koska tiedämme, miltä tuntuu kokea kipua: pelko riippuu siis jostain aiemmasta kokemuksesta – olet ehkä joskus kaatunut ja murtanut jalkasi, ja niin olet oppinut kammoamaan kokemuksen toistumista. Jos yhtenään keskityt pelkoosi, tahtosi lamaantuu samoin kuin hermosi, jolloin itse asiassa saatatkin kaatua uudelleen ja katkaista jalkasi. Kaiken lisäksi sydämesi halvaannuttua pelosta vastustuskykysi heikkenee ja taudinaiheuttajat saavat tilaisuuden tunkeutua kehoosi.

## Ole varovainen, älä pelokas

Likimain jokainen pelkää sairauksia. Pelko annettiin ihmiselle varoituslaitteeksi, joka säästää hänet tarpeettomalta kivulta, mutta sitä ei ole tarkoitus kasvattaa tai käyttää väärin. Kohtuuton pelkääminen ainoastaan rampauttaa kykymme välttää vaikeuksia.

Varovainen pelko on viisasta, kuten siinä tapauksessa, että tunnet oikean ruokavalion periaatteet ja päätät: "En syö tuota kakkua, koska se ei ole minulle hyväksi." Järjetön pelko sen sijaan johtaa sairauksiin; se on varsinainen kaikkien tautien aiheuttaja. Sairauden pelko jouduttaa sairautta; juuri ajatus sairaudesta saa sinut sairastumaan. Jos jatkuvasti pelkäät sairastuvasi flunssaan, altistut sille aina vain pahemmin, vaikka miten yrittäisit ehkäistä sitä.

Et siis saa halvaannuttaa tahtoasi ja hermojasi pelolla. Jos et pysty tahdonvoimallasi pitämään ahdistusta loitolla, edesautat juuri sen kokemuksen syntymistä, jota pelkäät.

Ei ole myöskään viisasta olla tarpeettomasti tekemisissä ihmisten kanssa, jotka alituiseen puhuvat omista ja muiden sairauksista ja heikkouksista: tällainen vatvominen saattaa kylvää mieleesi pelon siemeniä. Niiden, jotka pelkäävät sairastuvansa tuberkuloosiin, syöpään tai

*Poista pelon häiriökohina mielestäsi*

sydänvaivoihin, pitäisi lakata murehtimasta, jotta eivät sairastu pelkäämiinsä tauteihin.

Jo sairastuneet tai heikkokuntoiset tarvitsevat mahdollisimman miellyttävän ympäristön ja sellaisten ihmisten seuraa, joilla on vahva ja optimistinen luonteenlaatu ja jotka voivat rohkaista sairaita ajattelemaan positiivisesti. Ajatuksella on suuri voima. Sairaaloissa työskentelevät sairastuvat harvoin, sillä heidän asenteensa on luottavainen. Heidän energisyytensä ja vahvat ajatuksensa elähdyttävät heitä.

Tästä syystä ei kannata vanhemmiten paljastaa ikäänsä, sillä ihmiset yhdistävät korkean iän välittömästi heikkenevään terveyteen ja vähenevään elinvoimaan. Ajatus ikääntymisestä ahdistaa, ja silloin aiheutat itse elinvoimasi tyrehtymisen. Pidä ikäsi omana tietonasi. Sano Jumalalle: "Olen kuolematon. Minua on siunattu hyvällä terveydellä, ja kiitän siitä Sinua."

Ole siis varovainen mutta älä pelokas. Ryhdy silloin tällöin puhdistavalle paastolle, sillä se tuhoaa kehossa jo mahdollisesti lymyävät taudinaiheuttajat. Tee parhaasi kitkeäksesi sairauksien alkusyyt ja jatka sitten eteenpäin vailla pelkoa. Kaikkialla kuhisee niin paljon baktereita ja viruksia, että jos alat pelätä niitä, et kykene nauttimaan elämästä lainkaan. Kaikista hygieenisistä varotoimista huolimatta menettäisit ruokahalusi, jos tutkisit kotiasi mikroskoopilla!

## Pelkojen häätämistekniikoita

Pelkäätpä mitä tahansa, heitä se mielestäsi ja jätä asia Jumalan haltuun. Usko Häneen. Paljon kärsimystä aiheutuu pelkästään murehtimisesta. Miksi kärsiä jo ennen kuin onnettomuus on iskenyt? Koska suurin osa sairauksistamme johtuu pelosta, pelon karkottaminen vapauttaa välittömästi. Tervehtyminen alkaa oitis.

Sano joka ilta ennen nukkumaanmenoa: "Taivaallinen Isä on kanssani. Olen turvassa." Ympäröi itsesi mielessäsi Hengellä ja Hänen kosmisella energiallaan ja ajattele: "Kaikki minua vastaan hyökkäävät basillit teloitetaan." Hymise itseksesi sanaa *"Aum"* kolme kertaa[3]

---

[3] Intian pyhissä kirjoituksissa Aum (Om) on kaikkien äänien perusta, Jumalaa tarkoittava universaali symbolisana. Veda-kirjojen *Aum*-sanasta kehittyi tiibetiläisten pyhä *Hum*-sana, muslimien *Amin* ja egyptiläisten, kreikkalaisten, roomalaisten, juutalaisten ja kristittyjen *Amen*. Amen tarkoittaa heprean kielessä *varmaa* ja *uskollista*. *Aum* on kaikkialle tunkeutuva ääni, joka on lähtöisin Pyhästä Hengestä (tämä on Näkymätön Kosminen Värähtely, Jumala Luojan aspektissaan). *Aum* on Raamatun "Sana", luomisen ääni, joka todistaa Jumalallisesta Läsnäolosta jokaisessa atomissa. Paramahansa Yogananda opettaa *Self-Realization Fellowshipin opetuskirjeissä* meditaatiotekniikoita, joita harjoittamalla on mahdollista suoranaisesti kokea Jumala tai *Aum* eli Pyhä Henki. Tuo autuas yhteys näkymättömän jumalallisen Voiman (Puolustajan, Pyhän Hengen – Joh. 14:26) kanssa on rukouksen todellinen tieteellinen perusta.

– tai sitten sanaa "Jumala". Näin voit suojata itsesi. Tunnet Hänen ihmeellisen turvansa. Ole peloton. Se on ainoa tapa pysyä terveenä. Jos olet yhteydessä Jumalaan, Hänen totuutensa virtaa sinuun. Tulet tietämään, että olet katoamaton sielu.

Aina kun tunnet pelkoa, laita käsi sydämellesi paljasta ihoa vasten, hiero ihoa vasemmalta oikealle ja sano: "Isä, olen vapaa. Säädä pelko pois sydämeni radiosta." Voit säätää kohinan pois tavallisesta radiosta, ja sydämestäsi pystyt säätämään pelkoa pois, jos hierot sydänalaasi vasemmalta oikealle ja keskityt tiiviisti ajatukseen pelon karkottamisesta. Pelkosi katoaa ja tunnet Jumalan ilon.

## *Pelko lakkaa, kun saat yhteyden Jumalaan*

Pelko vainoaa sinua jatkuvasti. Pelko lakkaa luomalla yhteys Jumalaan – ei mitenkään muuten. Miksi siis odottaisit? Joogan avulla saat yhteyden Häneen. – –

Kun aloitin valitsemallani polulla, elämäni oli ensin kaoottista, mutta kun sitkeästi yritin, asiat alkoivat selkiytyä minulle ihastuttavalla tavalla. Kaikki tapahtunut osoitti minulle, että Jumala *on*, ja voimme oppia tuntemaan Hänet jo tässä elämässä. Minkä varmuuden ja pelottomuuden saavutatkaan, kun löydät Jumalan! Sen jälkeen muulla ei ole merkitystä, eikä mikään voi sinua enää pelottaa. Niinpä Krishna usutti Arjunaa kohtaamaan elämän taistelun vailla pelkoa ja tulemaan hengellisesti voitokkaaksi: "Älä vajoa epämiehekkyyteen; se ei sovi sinulle. Oi Vihulaisten Polttaja, hylkää mitätön heikkosydämisyytesi. Nouse!"[4]

---

[4] *Bhagavadgita* II:3.

# PELOTON MIELI JA TERVE KEHO

*Uusi versio vanhasta tarusta*

Muuan pyhimys näki eräänä yönä meditoidessaan pelätyn isorokon haamun tulevan kylään, jossa asui. "Seis, herra Haamu!" hän huusi. "Mene pois. Et saa ahdistaa kylää, jossa minä palvon Jumalaa."

"Otan mukaani vain kolme ihmistä", haamu vastasi, "sillä se on kosmisen karman mukaan velvollisuuteni." Pyhimys myöntyi tähän vastentahtoisesti ja nyökkäsi.

Seuraavana päivänä kolme ihmistä kuoli isorokkoon. Mutta sitä seuraavana päivänä kuolleita oli monin verroin enemmän. Joka päivä yhä useampia kyläläisiä menehtyi pelättyyn tautiin. Pyhimys arveli, että häntä oli huijattu pahemman kerran, joten hän meditoi hartaasti ja kutsui haamua. Kun se ilmestyi, pyhimys soimasi sitä.

"Herra Haamu, te petitte minut ja valehtelitte, kun väititte surmaavanne vain kolme ihmistä isorokolla."

Mutta aave vastasi: "Kautta Suuren Hengen, minä puhuin sinulle totta."

*Peloton elämä*

Pyhimys intti: "Lupasitte ottaa vain kolme, mutta nyt lukemattomat ovat sortuneet tautiin."

"Otin ainoastaan kolme", haamu sanoi. "Loput tappoivat itsensä pelolla."

Sinun pitää kohottaa mielesi taudin tietoisuudesta – sairauden ajatuksesta. Olet haavoittumaton Henki, mutta nyt ruumis on ottanut vallan mielestä. Mielen täytyy hallita ruumista. – –

Mitä pelkäät? Olet kuolematon olento. Et ole mies etkä nainen, niin kuin saatat luulla, vaan sielu, riemullinen, ikuinen.

# SUO MINUN VOITTAA PELKONI
*(Rukous)*

*Opeta minut voittamaan pelkoni ymmärtämällä sen hyödyttömyys. Älä anna minun tukahduttaa ounasteluillani rajattomia kykyjäni kohdata elämän haasteita Sinun lapsenasi.*

*Vapauta minut lamaannuttavista peloista. Älä anna minun kuvitella onnettomuuksia ja tragedioita, jotten ajatuksen voimalla kutsuisi niitä ilmaantumaan.*

*Innoita minua luottamaan Sinuun, eikä vain ihmisten varotoimiin. Voin kulkea turvallisesti viuhuvien luotien ja pelottavien bakteerien keskellä, kun oivallan, että olet alati kanssani.*

*Älä anna minun milloinkaan vapista kuoleman edessä. Auta minua muistamaan, että Noutaja voi tulla hakemaan tämän ruumiini vain kerran, ja kun aikani koittaa, hänen armostaan en tule sitä tietämään enkä siitä piittaamaan.*

*Opeta minua, oi Ääretön Henki, että olenpa sitten unessa tai valveilla, valpas tai ajatuksissani, elävä tai kuolemaisillani, Sinun varjeleva läsnäolosi ympäröi minut.*

—*teoksesta* Whispers from Eternity

# VAPAUDU HUOLTEN KANTAMISESTA

Huolestuneisuus on psykofyysinen tila, jossa avuttomuuden ja pelon tunteet valtaavat ihmisen, koska hän ei tiedä, miten päästä eroon jostain pulmasta. Saatat olla syvästi huolissasi lapsesi puolesta, terveydestäsi tai asuntolainastasi. Kun et löydä välittömästi ratkaisua tilanteeseen, huolestut. Ja mitä siitä kostut? Päänsärkyä, hermostuneisuutta, sydänvaivoja. Koska et analysoi selkeästi itseäsi ja ongelmaasi, et myöskään tiedä, miten hallitsisit tunteitasi tai asiantilaa, jonka joudut kohtaamaan. Älä tuhlaa aikaa murehtimiseen, vaan ajattele positiivisesti, miten vaikeuksien syyt voidaan poistaa. Jos haluat eroon ongelmasta, analysoi sitä kiihkottomasti ja laadi lista asian hyvistä ja huonoista puolista. Sen jälkeen voit päättää, mihin toimenpiteisiin sinun pitää ryhtyä saavuttaaksesi tavoitteesi.

---

Otteita puheesta, joka pidettiin Self-Realization Fellowshipin temppelissä Kalifornian Encinitasissa. Puhe on julkaistu kokonaisuudessaan teoksessa *The Divine Romance* (Paramahnasa Yogananda: *Collected Talks and Essays, Volume II*).

*Vapaudu huolten kantamisesta*

## Kohtaa rahavaikeudet pelottomasti ja luovasti

Jos sinulla ei ole rahaa, tunnet itsesi surkeaksi, ja koko maailma tuntuu nurinkuriselta. Mutta huolestuminen ei ratkaise ongelmaa. Tartu toimeen ja tee seuraavanlainen päätös: "Ravistelen vaikka koko maailmaa saadakseni osuuteni. Vaientaakseen minut maailman pitää täyttää tarpeeni." Jokainen ihminen, joka on tehnyt jotain työtä, vaikka vain kitkenyt rikkaruohoja, on toiminut hyödyllisesti maan päällä. Miksi jokainen ei saisi osuuttaan maan runsaudesta? Kenenkään ei tarvitse nääntyä nälkään tai jäädä osattomaksi.

Sanokaa minun sanoneen, että nykyinen rahajärjestelmä ei tule kestämään. Raha luo vallanhalua ja muuttaa aivan liian usein haltijansa sydämettömäksi muiden kärsimykselle. Varallisuuden kasaantuminen on hyväksyttävää, jos äveriäs henkilö haluaa myös auttaa tarvitsevia. Epäitsekkäiden ihmisten hallussa raha on siunaus, mutta itsekkäiden käsissä se on kirous. Tunsin philadelphialaisen miehen, jolla oli kymmenen miljoonan dollarin omaisuus. Se ei kuitenkaan tuonut hänelle onnea vaan pelkkää kurjuutta. Hän ei suostunut ostamaan edes kymmenen sentin kahvikupposta kenellekään toiselle. Kulta on annettu käyttöömme, mutta se ei kuulu kenellekään muulle kuin Jumalalliselle Hengelle. Jokaisella Jumalan lapsella on oikeus käyttää Jumalan kultaa. Sinun ei siis pidä myöntää tappiotasi ja luopua tuosta oikeudesta.

Jumala teki sinut lapsekseen. Sinä itse olet tehnyt itsestäsi kerjäläisen. Jos olet vakuuttanut itsellesi, että olet avuton kuolevainen, ja sallit kaikkien muiden vakuuttaa sinulle, ettet saa töitä, olet silloin tuominnut itsesi omassa mielessäsi luhistumaan ja luovuttamaan. Jumala tai kohtalo ei suinkaan ole tuominnut sinua köyhyyteen tai murheeseen: asiasta päätät sinä itse. Menestys ja epäonnistuminen määräytyvät omassa mielessäsi.

Vaikka koko ympäröivä yhteiskunta epäilisi menestymistäsi, iskosta mieleesi Jumalan antamalla kaiken voittavalla tahdonvoimalla, ettei sinua pidä jättää kärsimään vaikeuksiisi. Silloin tunnet salaisen, jumalallisen voiman elähdyttävän mielesi ja huomaat, että tuon vakaumuksen ja voimantunteen luoma magnetismi avaa sinulle uusia ratkaisumalleja.

Älä surkuttele nykyistä tilaasi äläkä murehdi. Jos kieltäydyt huolestumasta ja ponnistelet asianmukaisesti, pysyt tyynenä ja löydät varmasti keinon saavuttaa tavoitteesi.

*Vapaudu huolten kantamisesta*

Muista, että aina kun murehdit, vedät päälle henkisen käsijarrun, ja kamppaillessasi tuota jarruttavaa voimaa vastaan rasitat sydäntäsi ja mieltäsi. Et yrittäisi lähteä ajamaan autolla, jonka käsijarru on päällä, sillä tiedät sen vahingoittavan pahasti auton mekanismeja. Murehtiminen on käsijarru ponnistelujesi pyörissä, ja se aiheuttaa äkkipysäyksen. Mikään ei ole mahdotonta, ellet ajattele sen olevan. Huolestuminen saa sinut vakuuttuneeksi, että on mahdotonta tehdä, mitä haluat.

Murehtiminen hukkaa aikaa ja energiaa. Suuntaa sen sijaan mielesi positiiviseen yrittämiseen. On parempi olla vaikka määrätietoinen materialisti, joka saavuttaa jotain, kuin pelkkä laiskuri, sillä laiskurin hylkäävät sekä Jumala että ihminen. Yritteliäät ihmiset ovat luoneet omaisuuksia, mutta et saa pitää rahaa menestyksen mittarina. Hyvin usein tyydytystä tuova seikka ei ole itse raha vaan sen ansaitsemisessa käytettävän luovan kyvyn harjoittaminen.

## Puhdas omatunto: avain pelottomaan elämään

On järjetöntä yrittää paeta huoliaan, sillä menitpä minne hyvänsä, ne seuraavat mukanasi. Sinun pitää oppia kohtaamaan ongelmasi pelottomasti ja puhtain omintunnoin, niin kuin minä olen tehnyt. Nyt minulla ei ole enää rukoiltavaa sieluni tai kehoni puolesta, sillä olen löytänyt ikuisen varmuuden Jumalassa. Se riittää. Minulle rukoilu olisi osoitus epäilyksestä. Omatuntoni on puhdas, sillä en ole tehnyt pahaa yhdellekään ihmisolennolle. Tämä on totta, tiedän sen. Hän, joka pystyy sanomaan itselleen, "En ole tehnyt kenellekään vääryyttä", on maailman onnellisin ihminen. – –

Ole kaikkien ystävä. Vaikka jotkut pettäisivät rakkautesi ja luottamuksesi, älä huoli. Ole aina oma itsesi; sinä olet mitä olet. Tämä on ainoa vilpitön tapa elää. Vaikka kaikki eivät haluaisi olla ystäviäsi, sinun pitäisi osoittaa ystävällisyyttä kaikille, mutta et saa koskaan odottaa vastapalveluja. Ymmärrän ja rakastan jokaista, mutta en milloinkaan odota kenenkään olevan ystäväni tai ymmärtävän minua. Tämän periaatteen voimalla olen tehnyt rauhan itseni ja maailman kanssa, enkä tunne ikinä tarvetta huolestua.

Ystävyyden aarre on kallein omaisuutesi, sillä se seuraa sinua tämän elämän tuolle puolen. Tapaat kaikki tosiystäväsi uudelleen Isän kotona, sillä todellinen rakkaus ei koskaan katoa. Toisaalta myöskään viha ei koskaan katoa. Vedät puoleesi kerta toisensa jälkeen vihaamiasi

*Vapaudu huolten kantamisesta*

asioita, kunnes pääset eroon tuosta syvästä vastenmielisyydestäsi. – –

Sinun ei pidä vihata edes vihollisiasi. Kukaan ei ole läpeensä paha. Jos kuulet jonkun soittavan pianoa, jonka yksi kosketin on rikki, olet taipuvainen pitämään koko pianoa viallisena. Vika piilee kuitenkin vain yhdessä koskettimessa. Korjaa se, niin huomaat pianon olevan täysin kunnossa. Jumala elää jokaisessa lapsessaan. Ihmisen vihaaminen on Jumalan kieltämistä sinussa itsessäsi sekä muissa. Maapallo on Jumalan laboratorio. Poltamme itseämme kuolevaisten kokemuksilla, jotta kuolemattomuutemme paljastuisi jälleen tajuntamme epäpuhtauksien alta. Rakasta kaikkia, luota arviointikykyysi äläkä huolestu.

Anna ongelmasi Jumalan haltuun. Murehtiessasi järjestät itse omia hautajaisiasi. Et varmasti halua tulla haudatuksi elävältä ahdistukseesi! Miksi kärsisit ja kuolisit joka päivä pala palalta huolten takia? Jouduitpa sitten kärsimään mitä tahansa koettelemuksia – köyhyyttä, surua, sairauksia – muista, että maailmassa on aina joku, joka kärsii sata kertaa pahemmin kuin sinä. Älä pidä itseäsi kovin epäonnisena, sillä silloin nujerrat itse itsesi ja sammutat Jumalan kaikkivoivan valon, joka pyrkii alati opastamaan sinua. – –

## Titiksha: henkisen kestävyyden taito

Mikään aistimus tai henkinen kidutus ei voi vaikuttaa sinuun, jos mielesi tarkastelee kokemusta ulkopuolisena ja on ankkuroitunut Jumalan rauhaan ja iloon.

Sanskritin sana henkiselle tyynelle kestävyydelle on *titiksha*. Olen harjoitellut ylläpitämään tätä henkisesti neutraalia asennetta. Olen istunut koko yön jääkylmässä vedessä hyytävässä säässä meditoimassa. Samaten olen istunut aamusta iltaan Intian polttavan kuumalla hiekalla. Näin olen saavuttanut suurta henkistä vahvuutta. Kun harjoitat tällaista itsekuria, mielesi tulee immuuniksi kaikille häiriötekijöille. Jos ajattelet, ettet pysty johonkin, mielesi on orja. Vapauta itsesi.

En tarkoita, että sinun pitäisi hätäillä. Yritä nousta häiriötekijöiden yläpuolelle vähitellen. Sinulla pitää olla nimenomaan kestävyyttä. Mikä ongelmasi sitten onkaan, yritä sinnikkäästi ratkaista se hermostumatta ja harjoita *titikshaa*, kunnes pulmasi ratkeaa. Eikö tämä olekin käytännöllistä viisautta? Jos olet nuori ja vahva, voit tahdonvoimaasi ja mieltäsi vähitellen lujittaessasi käyttää ankarampia itsekuriharjoituksia, niin kuin minä tein.

Jos talvikelien tullessa uumoilet sairastuvasi flunssaan, et kehitä mielenlujuutta. Olet jo altistanut itsesi tietylle

*Vapaudu huolten kantamisesta*

heikkoudelle. Kun tunnet flunssan olevan iskemässä, vastusta sitä mielessäsi: "Mene pois! Noudatan terveen järjen sanelemia varotoimia, mutta en aio murehtimalla ja heikkotahtoisuudellani helpottaa sairastumistani." Tämä on oikea asenne. Tee sydämessäsi parhaasi kaikkina aikoina, mutta älä ahdistu. Huolestuneisuus vain lamauttaa yrittämisen. Jos teet parhaasi, Jumala ojentaa auttavan kätensä. – –

Muista, että mieli ei voi kärsiä tuskia, ellei se hyväksy ajatusta tuskasta. Mieli ei voi kärsiä köyhyydestä eikä mistään muustakaan, ellei se hyväksy olosuhteita epämiellyttäviksi. Jeesusta kohdeltiin kaltoin – hänen elämänsä oli ongelmien, esteiden ja epävarmuuden riivaamaa – mutta hän ei murehtinut. Muista, että myös sinä olet Jumalan lapsi. Kaikki muut saattavat hylätä sinut, mutta Jumala ei voi sinua hylätä, sillä Hän rakastaa sinua. Sinun ei pidä koskaan huolestua, sillä Jumala teki sinut mahtavaksi kuvakseen. – –

Oivalla, että Taivaallisen Isän ääretön läsnäolo on aina sisimmässäsi. Kerro Hänelle: "En murehdi elämää enkä kuolemaa, en terveyttä, en sairautta, sillä olenhan iankaikkisesti Sinun lapsesi, oi Herra."

# LEIJONA, JOSTA TULI LAMMAS
*Uusi versio intialaisesta kansantarusta*

Olipa kerran jättimäinen leijonaemo, joka oli tiineenä ja nälästä puolikuollut. Päivien vieriessä leijonanpentu kasvoi emon sisällä ja emolle tuotti suuria vaikeuksia metsästää ruokaa. Vaikka leijona pystyi yhä vaanimaan saalista, se ei enää ollut kyllin nopea saadakseen sitä kiinni – se jäi joka kerta ilman ruokaa.

Leijonanpentu painoi vatsassa, ja emo karjui surusta ja nälästä. Se vaelteli metsän halki ja nukahti lopulta varjoisaan lehtoon laitumen kupeeseen. Torkkuessaan se uneksi näkevänsä lammaslauman laiduntamassa. Yrittäessään loikata unilampaan kimppuun se hätkähti hereille, ja näkikin suuren lammaslauman syömässä lähistöllä.

Leijonaemo meni ilosta sekaisin ja unohti yhä kantavansa pentua. Nälästä sekapäisenä se hyökkäsi karitsan kimppuun ja kantoi sen viidakon syvyyksiin. Emo ei hurjalta ajojahdiltaan edes huomannut, että sen pentu oli syntynyt.

*Leijona, josta tuli lammas*

Lampaat olivat hyökkäyksen jäljiltä pelosta halvaantuneita; mutta leijonaemon lähdettyä paniikki hälveni, ne havahtuivat horroksestaan ja huomasivat karitsan kadonneen. Lauma määki lampaiden kielellä valitusvirsiä menetyksensä tähden. Sitten lampaat huomasivat suureksi ihmeeksi, että lauman keskuudessa vikisi avuton leijonanpentu. Yksi uuhista sääli pentua ja adoptoi sen.

Kului useita vuosia. Orvosta leijonanpennusta kasvoi aikuinen eläin, jolla oli tuuhea harja ja pitkä häntä, ja se kulki lammaslauman mukana käyttäytyen aivan kuin lammas. Karjumisen sijasta se määki ja lihan sijasta se söi ruohoa. Tämä kasvissyöjäleijona oli omaksunut täysin lampaiden heikkouden ja säyseyden.

Sattuipa sitten niin, että eräänä päivänä muuan leijona käyskenteli metsikön reunassa ja näki ilokseen läheisellä laitumella lammaslauman. Riemusta suunniltaan ja nälän pakottamana vahva leijona alkoi jahdata laumaa – mutta ällistyksekseen se huomasi jäntevän lammas-leijonan juoksevan häntä pystyssä hurjaa vauhtia karkuun kaukana lampaiden edellä.

Saalistava leijona pysähtyi hetkeksi, heilutti häntäänsä kummastuneena ja tuumaili itsekseen: "Ymmärrän kyllä, miksi lampaat pakenevat minua, mutten käsitä, miksi

*Peloton elämä*

roteva leijonakin juoksee minkä jaloistaan pääsee. Mitähän tässä piilee?" Se lähti päättäväisesti pinkomaan pakenevan leijonan perään ja hyppäsi sen kimppuun. Lammas-leijona pyörtyi pelosta. Toinen leijona oli entistä enemmän ymmällään. Se läpsi tajuttoman leijonan hereille ja soimasi sitä möreällä äänellä: "Herää! Mikä sinua vaivaa? Miksi sinä pakenet minua, leijonaveljeni?"

Lammas-leijona sulki silmänsä ja määki lampaiden kielellä: "Päästä minut menemään, ole kiltti. Älä tapa minua! Olen vain lammas tuosta laumasta, joka pakeni ja jätti minut jälkeensä."

"Ahaa! Nyt ymmärrän, miksi määyt", sanoi sen vangitsija. Se aprikoi hetken, nappasi sitten mahtavilla leuoillaan lammas-leijonaa harjasta ja raahasi sen laitumen toiseen päähän, järven rantaan. Kun kaksikko saapui rannalle, leijona työnsi harhaisen olennon pään veden ylle niin, että sen kuvajainen heijastui vedenpinnasta. Sitten se ravisteli uhriaan rajusti, mutta lammas-leijona piti silmät tiukasti kiinni. "Mikä sinua vaivaa?" kysyi vangitsija. "Avaa silmäsi ja näe, ettet ole mikään lammas."

"Bää, bää, bää! Älä tapa minua! Päästä minut menemään! En ole leijona vaan pelkkä arka lammasparka", hölmö eläin ulisi. Toinen leijona alkoi suuttua ja höykytti

*Leijona, josta tuli lammas*

vankiaan hurjasti. Kurituksen tuoksinassa lammas-leijona avasi silmänsä ja näki hämmästyksekseen järven pinnasta heijastuvan kuvansa; eikä se ollutkaan lampaanpää, niin kuin se oli odottanut, vaan samanlainen leijonanpää kuin sillä, joka sitä ravisteli. Silloin jättimäinen leijona sanoi leijonien kielellä: "Katso minun kasvojani ja sitten omia kasvojasi, jotka heijastuvat vedestä. Ne ovat samankaltaiset. Ääneni on ärjyntää, enkä minä määy. Sinunkin pitää määkimisen sijasta karjua."

Lammas-leijona uskoi lopulta ja yritti ärjyä, mutta ensin sen kurkusta tuli vain määkimisensekaisia urahduksia. Uusi ystävä kuitenkin läpsi sitä tassuillaan ja rohkaisi yrittämään uudelleen, ja lopulta se sai ilmoille kunnon karjahduksia. Sitten molemmat leijonat säntäsivät juoksuun. – –

Tarina kuvastaa osuvasti sitä, että vaikka meidät on luotu universumin kaikkivaltiaan Jumalallisen Leijonan kuvaksi, suurin osa meistä muistaa ainoastaan syntyneensä ja kasvaneensa kuolevaisen heikkouden lammaslaumassa. Niinpä me määymme pelätessämme sairauden, puutteen, surun ja kuoleman petoja sen sijaan, että karjuisimme ilmoille kuolemattomuuttamme ja voimantuntoamme saalistaessamme kuolevaisuuden harhoja ja tietämättömyyttämme.

# ITSE ON VOITTAMATON LEIJONA

Olen Jumalallisen Leijonan pentu, mutta jotenkin päädyin heikkouksien ja vajavuuksien lammaslaumaan. Elin pelossa päivästä päivään, aivan liian pitkään. Elin lampaiden joukossa ja määyin. Unohdin pelottavan karjaisuni, joka karkottaa kaikki suru-विholliseni.

Oi Itse, Voittamaton Leijona! Sinä raahasit minut meditaation juomapaikalle ja sanoit: "Sinä olet leijona, et lammas! Avaa silmäsi ja karju!"

Sinä ravistelit minua rajusti, ja sisälläni syttyi hengen palo. Tuijotin rauhan kristallilampeen. Ja katso! Näin kasvoni, samanlaiset kuin Sinun kasvosi!

Tiedän nyt: olen kosmisen voiman leijona. En enää määy, vaan vapisutan erheiden metsää Sinun kaikkivaltiaan äänesi voimalla. Jumalallisen vapauden siivin vaellan maallisten harhojen viidakon halki ja ahmin kalvavien huolten ja arkuuden mitättömät otukset sekä epäuskon villihyeenat.

Oi Vapautuksen Leijona, ärjäise minulle aina uudestaan kaikkivoipa rohkaisun karjahdus!

—*teoksesta* Whispers from Eternity

# TIE PYSYVÄÄN PELOTTOMUUTEEN: KOE KUOLEMATTOMUUTESI MEDITAATION AVULLA

Oletko koskaan ajatellut, että olosuhteet ovat täysin sinua vastaan — että olet sekaisin, hajalla, piesty ja aivan voimaton? Karkota sellaiset mietteet! Sinulla on voimaa; sinä et vain käytä sitä. Sinulla on kaikki tarvitsemasi voimat. Mielen voimaa vahvempaa ei ole olemassa.

---

On erittäin tärkeää analysoida, miksi käyttäydyt niin kuin käyttäydyt. Jotkut ovat jatkuvasti pelon kourissa, sillä he ovat kehittäneet pelkäämisestä pinttyneen tavan. He vaalivat pelkoa päivittäin, ja siksi heidän elämänsä on tulvillaan huolta ja ahdistusta. Mitä järkeä sellaisessa on? Me kaikki kuolemme jonain päivänä. Se tapahtuu vain kerran, ja kun se tapahtuu, kaikki on ohi. Miksi siis pelätä sitä? Miksi kuolla joka päivä pelosta? Kun opit järkeilemään selkeästi, huomaat, että monet jokapäiväisistä asenteistasi ja teoistasi ovat hölmöläisen hommaa: niiden synnyttämä onnettomuus on täysin tarpeetonta.

---

On totta, että ihmisen ego inkarnoituu vain kerran yhdeksi nimenomaiseksi persoonallisuudeksi ja kehoksi. Mutta vaikka ego luopuu kaikista yksilöllisistä piirteistään inkarnaatioiden välillä, se säilyttää alitajunnan kammioissa kaikkien menneiden elämien nautinnot ja kauhukokemukset. Jokainen ihminen kantaa mukanaan alitajuntaan hautautuneita pelkoja, jotka juontuvat kauan sitten unohtuneiden edeltävien elämien synkistä kokemuksista.

Jos viettää maalliset hetkensä reagoiden tunnepitoisesti elämän loputtomiin unikuviin, kuoleman ja uusien inkarnaatioiden myrskyiset unikuvat tulevat jatkumaan.

– – Selittämättömät ja piinaavat pelot voi pyyhkäistä pois syvällä *samadhi*-meditaatiolla.

---

Pelasta mielesi tavoilta, jotka pitävät sinut herkeämättä kiinni maailmallisuudessa. Hymyile hiipumatonta hymyä – Jumalan hymyä. Karehtikoon kasvoillasi tasapainoisen rohkeuden väkevä hymy – miljoonan dollarin hymy, jota

*Tie pysyvään pelottomuuteen: koe kuolemattomuutesi meditaation avulla*

kukaan ei voi hyydyttää. – – Elä jokainen sekunti tiedostaen yhteytesi Äärettömään.

———◆———

Oivallus siitä, että kyky ajatella, puhua, tuntea ja toimia on peräisin Jumalalta ja että Hän on aina rinnallamme innoittamassa ja ohjaamassa, poistaa välittömästi hermostuneisuuden. Tämän oivalluksen myötä ihminen kokee jumalallisen ilon välähdyksiä; toisinaan syvä valaistuminen lävistää koko olemuksen, jolloin jopa koko pelon käsite kaikkoaa. Jumalan voima vyöryy sisään kuin valtameri ja läpäisee sydämen puhdistavalla tulva-aallolla poistaen kaikki harhaisten epäilysten, hermostuneisuuden ja pelkojen pystyttämät esteet. Materian harha, että tietoisuus on kiinni ainoastaan kuolevaisessa ruumiissa, katoaa päästemällä yhteyteen Hengen suloisen seesteisyyden kanssa. Tämä onnistuu päivittäisen meditaation avulla. Silloin tajuat, että keho on kuin pieni energiakupla Hänen kosmisessa meressään.

———◆———

Jumala teki meistä energian enkeleitä, jotka on suljettu kiinteän olomuodon sisään – elämänvirtamme loistaa kuin lihallisen hehkulampun läpi. Nyt keskitymme kuitenkin liiaksi lampunkuoren heikkouksiin ja haurauteen, sillä olemme unohtaneet, miten voimme löytää ikuisen elämänenergian kuolemattomat ja tuhoutumattomat ominaisuudet vaihtuvien lihallisten ilmenemismuotojen sisältä.

———•◆•———

Näet vain unta, että sinulla on lihallinen keho. Todellinen sinä on valoa ja tietoisuutta. Sinä et ole fyysinen ruumiisi. Kehomme näkeminen harhauttaa tavallista tietoisuuttamme. Jos kehität ylitietoisuuttasi — todellisen itsesi, sielusi tietoisuutta — oivallat, että kehosi on vain näkymättömän ja sisäisen itsesi heijastuma. Silloin voit tehdä kehollasi ja kehollesi mitä tahansa. Mutta älä silti yritä vielä kävellä vetten päällä!

———•◆•———

Meidän tulisi arvioida uudelleen uskomuksemme kuolevaisen ja katoavan ruumiin luonteesta ja oivaltaa, että "kiinteä" liha koostuu itse asiassa kuolemattomasta ja katoamattomasta energiasta, joka on "jähmettynyt" ihmismuotoon. Tuota muotoa ylläpitää Jumalan älykäs kosminen energia, jota on sekä sisällämme että ympärillämme. – –

Liikenneonnettomuudet, reumatismi, umpisuolentulehdus, syöpä tai tuberkuloosi eivät voi vahingoittaa

*Tie pysyvään pelottomuuteen: koe kuolemattomuutesi meditaation avulla*

puhdasta energiaa – siihen eivät uppoa tikarinpistot tai luodit, eikä tuli voi sitä tuhota. Tarvitsemme käytännöllistä uskontoa opettamaan, miten tulla tietoiseksi itsestämme sieluina, jotka asuvat loistavasta, ikuisesta energiasta muodostuneissa kehoissa.

---

Käännä huomiosi kohdevalo sisäänpäin, pois rajoittuneesta ja näkyvästä kehostasi. Fyysisellä keholla on päänsärkyjä ja mahankivistystä, se rappeutuu iän myötä ja se on kaikkiaan inha pikku olento, joka aina inisee ja uikuttaa jostakin. Näkyvä ruumis ei kestä kovia iskuja ja joskus se kavahtaa jopa pikkuruista neulanpistoa. Näkymätön ihminen sen sijaan on täysin haavoittumaton. Hän on vapaa. Hän voi karkottaa kaikki fyysisen kehon vaivat. Olet oikeasti tuo näkymätön ihminen. "Se Yksi, joka läpäisee kaiken, on häviämätön. Millään ei ole voimaa tuhota tätä Muuttumatonta Henkeä."[5]

Luulet olevasi yhtä kuin kehosi, mutta et ole. Jääpala voidaan muuttaa sulattamalla nesteeksi, joka haihtuessaan katoaa. Prosessi on mahdollista suorittaa myös käänteisesti, jolloin vesihöyry tiivistyy nesteeksi, ja neste voidaan jäädyttää kiinteään olomuotoon. Tavalliset ihmiset eivät

[5] *Bhagavadgita* II:17.

ole vielä oppineet muuntamaan kehonsa atomeja samalla tavalla, mutta Kristus osoitti, että se on mahdollista. — —

Olemme saapumassa kehitysvaiheeseen, jossa alamme tiedostaa yhä paremmin olevamme oikeasti näkymättömiä olentoja, sieluja. Jos uskomme olevamme yhtä kuin näkyvä ruumiimme, taannumme hengellisesti, sillä ruumis on altis kärsimään sairauksista, loukkaantumisista, köyhyydestä, nälästä ja kuolemasta. Meidän ei pitäisi edes haluta ajatella itseämme näkyvänä, haavoittuvana ja tuhoutuvana ruumiina. Mikään ei voi vahingoittaa tai surmata näkymätöntä ihmistä sisällämme. Eikö meidän siis tulisi ponnistella ahkerasti, jotta kokisimme tuntemattoman, kuolemattoman luontomme? Kasvattamalla tietoisuuttamme tästä näkymättömästä itsestämme opimme hallitsemaan myös näkyvää kehoamme, kuten suuret mestarit ovat tehneet. Jopa silloin, kun näkyvä ihminen on vaikeuksissa, voimme pysyä irrallaan ruumiillisesta kärsimyksestä, jos olemme tietoisia näkymättömän ihmisen jumalallisista voimista.

Miten sitten saavutamme tuollaisen hallinnan? Ensimmäiseksi sinun tulee oppia viettämään enemmän aikaa hiljaisuudessa: sinun täytyy oppia meditoimaan. Aluksi siinä ei ehkä tunnu olevan mitään kiinnostavaa:

*Tie pysyvään pelottomuuteen: koe kuolemattomuutesi meditaation avulla*

olet pysytellyt niin tiiviisti kosketuksissa näkyvän ruumiisi kanssa, että sinulle tuottaa vaikeuksia ajatella mitään muuta kuin sen loputtomia vaivoja, mielihaluja ja vaatimuksia. Kannattaa silti yrittää. Pidä silmäsi suljettuina ja toista kerta toisensa jälkeen: "Minut on tehty Jumalan kuvaksi. Elämääni ei voi tuhota millään keinolla. Olen näkymätön ihminen, ikuisesti."

Näkymätön ihminen on tehty Jumalan kuvaksi, yhtä vapaaksi kuin Henki. Näkyvään ihmiseen kuuluvat maailman ongelmat ja rajoitukset. Aina kun olemme tietoisia kehostamme, meidät on sidottu sen rajoituksiin. Siksi suuret mestarit opettavat meitä sulkemaan silmämme ja meditoimaan näkymätöntä itseämme, niin että muistaisimme: fyysisen ruumiimme kyvyt eivät meitä rajoita. – –

Meditoidessasi kurkistat suljettujen silmien takana lymyävään pimeyteen ja keskität huomiosi sieluun, sisälläsi asustavaan näkymättömään ihmiseen. Kun opit hallitsemaan ajatuksiasi ja sisäistämään oman mielesi tieteellisillä, gurujen opettamilla meditaatiotekniikoilla, alat vähitellen kehittyä hengellisesti: meditaatioistasi tulee syvempiä ja näkymättömästä itsestäsi, Jumalan sielukuvasta sisälläsi, tulee sinulle todellinen. Kun havahdut riemukkaasti Itse-oivallukseen, rajoittuneesta ja ruumiiseen keskittyvästä

*Peloton elämä*

tietoisuudesta, joka ennen oli niin todellinen, tulee epätodellinen. Silloin tiedät löytäneesi todellisen, voittamattoman itsesi ja sen ykseyden Jumalan kanssa.

———•———

Yritä kaikkesi päästäksesi Jumalan luo. Kerron teille nyt käytännöllisestä totuudesta, käytännöllisestä järjestä; annan teille filosofian, jonka avulla pääsette eroon tuskan kokemisesta. Älkää pelätkö mitään. – –

Meditoikaa syvästi ja uskollisesti, niin eräänä päivänä havahdutte Jumalan autuuteen ja oivallatte, miten järjetöntä ihmisten on luulla kärsivänsä. Sinä ja minä ja me kaikki olemme puhdasta Henkeä.

———•———

*Oi Kaikkialla Läsnä Oleva Suojelija! kun sodan myrskypilvet lähettävät tuli- ja kaasusateita, ole Sinä minun pommisuojani.*

*Elämässä ja kuolemassa, sairauksien, nälänhädän, kulkutautien ja köyhyyden keskellä voin aina turvata Sinuun. Auta minua oivaltamaan, että olen kuolematon Henki, jota eivät lapsuuden, nuoruuden ja vanhuuden koettelemukset tai maailmanmullistukset voi koskettaa.*

—*teoksesta* Whispers from Eternity

# LÖYDÄ SISÄINEN VARMUUS, ETTÄ JUMALA ON KANSSASI

Sanskritin uskoa tarkoittava sana on ihmeen ilmaiseva. Se on *visvas*. Tavallinen kirjaimellinen merkitys – 'hengittää rauhallisesti, luottaa, olla peloton' – ei välitä sen täyttä sisältöä. Sanskritin *svas* viittaa hengityksen liikkeeseen ja siten elämään ja tunteeseen. *Vi* osoittaa vastakohtaa ja tarkoittaa 'olla ilman jotakin'. Hänellä, jonka hengitys, elämä ja tunteet ovat levolliset, on intuitiosta syntyvää uskoa. Tätä uskoa ei voi olla emotionaalisesti levottomilla. Intuitiivisen tyyneyden syveneminen edellyttää sisäisen elämän kypsymistä. Kun intuitio on kirkastunut riittävästi, sen avulla näkee välittömästi totuuden. Tällainen ihmeellinen mahdollisuus on avoinna jokaiselle. Meditaatio on tie sen toteuttamiseen.

Meditoi kärsivällisesti ja sitkeästi. Syvenevässä rauhassa astut sielun intuitiiviseen valtakuntaan. Juuri ne, jotka löytävät tien tähän sisäiseen Jumala-yhteyteen, saavuttavat

---

Otteita teoksesta *Journey to Self-realization* (Paramahansa Yogananda: *Collected Talks and Essays, Volume III*).

valaistumisen. Näin on ollut kautta aikojen. Jeesus sanoi: "Kun sinä rukoilet, mene sisälle huoneeseesi, sulje ovi ja rukoile sitten Isääsi, joka on salassa. Isäsi, joka näkee myös sen, mikä on salassa, palkitsee sinut."[6] Käy sisimpään Itseen, sulje aistien ovi ja niiden tuoma yhteys levottomaan maailmaan, ja Jumala on paljastava sinulle kaikki ihmeensä.

---

Jos tiedostat olevasi Hänen lapsensa ja että Hän on sinun Isäsi, ja jos päätät sitkeästi tehdä parhaasi esteistä ja tekemistäsi virheistä huolimatta, Hänen voimansa tulee avuksesi. Minä noudatan tätä lakia. – –

Minulla oli [vuonna 1925] San Franciscossa ainoastaan 200 dollaria tililläni, kun olin aloittamassa luentokiertuetta. Minulla ei ollut tarpeeksi rahaa edes alkumetreille, ja monet isot laskut odottivat maksamista. Sanoin: "Jumala on kanssani. Hän on saattanut minut näihin vaikeuksiin ja Hän kyllä huolehtii minusta. Minä teen Hänen työtään, ja tiedän, että Hän auttaa minua." Vaikka koko maailma hylkäisi sinut, mutta jos sinä *tiedät* Hänen olevan kanssasi, Hänen lakinsa tekevät ihmeitä puolestasi.

Kun kerroin sihteerilleni, paljonko meillä oli tilillä, hän kirjaimellisesti romahti lattialle. Minä kehotin häntä

---

[6] Matt. 6:6.

*Löydä sisäinen varmuus, että jumala on kanssasi*

nousemaan. Hän sanoi vapisten: "Me joudumme vankilaan laskurästien vuoksi!" Mutta minä totesin: "Emme joudu vankilaan. Seitsemän päivän kuluessa saamme riittävästi rahaa kiertuetta varten."

Sihteerini oli epäilevä Tuomas, mutta minulla riitti uskoa. En tarvinnut rahaa omiin tarpeisiini vaan kertoakseni Jumalan töistä. Valtavista ongelmista huolimatta en pelännyt. Pelko pelkää minua. Sillä mitä pelättävää muka on? Minkään ei pitäisi pelottaa sinua. Kohtaa kaikki vaikeutesi Jumalaan uskoen, ja olet voittava.

*Bhagavadgitassa* sanotaan: "Sydämesi Minuun sulautuneena ja Minun armoni kautta voitat kaikki esteet."[7] Ja ajatella! Käyskentelin Palace Hotelin edustalla, kun melko iäkäs naishenkilö tuli luokseni ja kysyi: "Voisinko keskustella kanssanne?" Vaihdoimme muutaman sanan, ja sitten hän sanoi täysin yllättäen: "Minulla olisi ylimääräistä rahaa. Voisinko auttaa teitä?"

Vastasin: "En tarvitse teidän rahojanne. Miksi tarjoatte minulle rahaa, vaikka ette edes tunne minua?"

Nainen vastasi: "Mutta kyllähän minä teidät tunnen. Olen kuullut teistä paljon." Ja siltä seisomalta hän

---
[7] XVIII:58.

kirjoitti 27000 dollarin šekin. Näin tapahtuneessa Jumalan käden. – –

Elän uskossa Jumalaan. Jumala on minun voimani. En usko mihinkään toiseen voimaan. Kun keskityn tuohon voimaan, se alkaa työskennellä kauttani. – – Jumalan voima tekee työtään myös sinun kanssasi. Saat nähdä tämän pitävän paikkansa, jos sinulla on uskoa ja tiedät, että vauraus ei ole peräisin materiaalisista lähteistä vaan Jumalalta.

Herra ei suinkaan yritä kertoa sinulle, ettei sinun itse tarvitse ajatella tai käyttää aloitekykyäsi. Sinun pitää tehdä oma osuutesi. Olennaista on, että jos katkaiset väärillä teoilla ja mielihaluilla tai uskon ja Jumala-yhteyden puuttumisella siteesi Lähteeseen, et voi vastaanottaa Hänen kaikkivoipaa apuaan. Mutta jos sen sijaan olet sopusoinnussa Jumalan kanssa ja annat Hänen ohjata itseäsi, Hän auttaa sinua tekemään oikein ja välttämään virheitä.

Alkuun pääset ryhtymällä harjoittamaan syvää meditaatiota säännöllisesti aamuin illoin. Mitä enemmän meditoit, sitä kirkkaammin oivallat, että tavallisen tietoisuuden kuningaskunnan takana piilee jotain, jossa vallitsee syvä rauha ja onnellisuus. Harjoita tuon rauhan ja onnellisuuden läsnäoloa, sillä se on ensimmäinen todiste yhteydestä

*Löydä sisäinen varmuus, että jumala on kanssasi*

Jumalaan. Se on tietoinen oivallus sisältäsi löytyvästä Totuudesta. Juuri sitä sinä tarvitset.

Tällä tavalla tulee palvoa Totuutta, koska voimme palvoa vain sellaista, minkä tunnemme. Suurin osa ihmisistä palvoo Jumalaa jonakin epämääräisenä, mutta kun alat palvoa Häntä todellisena oman sisäisen oivalluksen kautta, alat tuntea Hänen voimansa läsnäolon elämässäsi yhä voimakkaammin. Teetpä sitten mitä hyvänsä, mikään ei voi luoda vastaavaa Jumala-yhteyttä kuin syvä meditaatio. Harras yritys kasvattaa meditaation avulla syntyvää sisäistä rauhaa ja onnellisuutta on ainoa tapa oivaltaa Jumala.

Paras hetki rukoilla Jumalalta ohjausta on sen jälkeen, kun olet meditoinut ja tuntenut rauhan ja ilon sisimmässäsi; silloin olet saanut yhteyden Jumalaan. Jos koet, että sinulla on jokin tarve, voit esittää sen nyt Jumalalle ja kysyä Häneltä, olisiko sopivaa rukoilla sen puolesta. Jos tunnet sisimmässäsi, että tarpeesi on oikeutettu, rukoile: "Herra, Sinä tiedät, että tämä on tarpeeni. Käytän järkeäni, olen luova. Teen mitä vain, mikä on välttämätöntä. Pyydän Sinulta ainoastaan, että Sinä ohjaat tahtoani ja luovuuttani oikeaan, siihen mitä minun tulee tehdä."

Ole avoin Jumalaa kohtaan. Hänellä saattaa olla sinun varallesi jotain parempaa kuin mitä rukoilet. Kiihkeimmät rukouksesi ja halusi voivat olla joskus pahimpia vihollisiasi — tämä on tosiasia. Puhu Jumalalle vilpittömästi ja totuudenmukaisesti, ja anna Hänen päättää, mikä on sinulle hyväksi. Jos olet vastaanottavainen, Hän ohjaa sinua ja toimii kanssasi. Vaikka tekisit virheitä, älä pelkää. Turvaa uskoon. Usko, että Jumala on kanssasi. Anna tuon Voiman ohjata sinua kaikessa. Se ei petä. Tämä totuus pätee jokaiseen teistä.

# PELOTTOMUUS MERKITSEE USKOA JUMALAAN

Pelottomuus on järkähtämätön kivi, jonka päälle hengellinen elämä tulee rakentaa. Pelottomuus merkitsee uskoa Jumalaan, Hänen suojelukseensa, Hänen oikeudenmukaisuuteensa, Hänen viisauteensa, Hänen armoonsa, Hänen rakkauteensa, Hänen kaikkialliseen läsnäoloonsa. – –

Pelko ryövää ihmiseltä hänen sielunsa lannistumattomuuden. Pelko aiheuttaa fyysisiä, henkisiä ja hengellisiä häiriöitä, koska se haittaa Luonnon harmonista säteilyä sisäisestä jumalallisesta lähteestä. Äärimmäinen pelko voi jopa pysäyttää sydämen ja aiheuttaa äkkikuoleman. Pitkäkestoinen ahdistus aiheuttaa psyykkisiä oireita ja kroonista hermostuneisuutta.

Pelko sitoo mielen ja sydämen (tunteet) ulkoiseen ihmiseen: tietoisuus samastuu henkiseen ja fyysiseen hermostuneisuuteen, egoon, kehoon ja pelon kohteisiin. Jumalan palvojan pitäisi karistaa kaikki epäilyksensä ja tajuta, että ne ovat kompastuskiviä, jotka estävät häntä keskittymästä sielun rikkumattomaan rauhaan. – –

*Peloton elämä*

Kuolema on kenties kuolevaisen ihmisen uskon suurin koetinkivi. Tämän väistämättömyyden pelkääminen on kuitenkin järjetöntä. Kuolema kohtaa ihmisen vain kerran elämässä, ja sen tapahduttua kokemus on ohi, eikä se vaikuta millään tavalla meidän todelliseen identiteettiimme eikä vähennä lainkaan todellista olemustamme.

Myös sairaudet ovat kuin uskon jalkojen juureen heitetty taisteluhaaste. Sairaan pitäisi vilpittömästi ja kaikin keinoin päästä eroon vaivastaan. Siinäkin tapauksessa, että lääkärit eivät antaisi mitään toivoa, sairastuneen pitäisi pysyä levollisena, sillä pelko sulkee uskon silmät kaikkivoivalta ja myötätuntoiselta Jumalalliselta Läsnäololta. Sen sijaan, että potilas vaipuisi ahdistukseen, hänen tulisi lausua: "Olen ikuisesti turvassa Sinun rakastavan huolenpitosi linnakkeessa." Peloton palvoja, joka sairastuu parantumattomasti, keskittyy Herraan ja valmistautuu sekä vapautukseen ruumiin vankilasta että siirtymään loistokkaaseen kuolemanjälkeiseen elämään astraalimaailmassa. Näin hän siirtyy seuraavassa elämässä lähemmäs lopullista vapautusta. Kauhuissaan kuoleva ihminen, joka on antautunut epätoivon valtaan eikä enää muista uskoaan Jumalaan eikä kuolematonta luontoaan, vie mukanaan seuraavaan inkarnaatioonsa pelon ja heikkouden synkän käyttäytymismallin. Tämä saattaa hyvinkin vetää hänen seuraavaan elämäänsä entisenlaisia onnettomuuksia – karman oppitunnit jatkuvat, kunnes niistä on otettu opiksi. Sen sijaan sankarillinen Jumalan palvoja voittaa vapaussodan, vaikka häviäisikin sodan kuolemaa vastaan. Kaikkien ihmisten on tarkoitus oivaltaa, että sielutietoisuus voi kukistaa minkä tahansa ulkoisen katastrofin.

Kun alitajuiset pelot tunkeutuvat jatkuvasti mieleen kiivaasta henkisestä vastarinnasta huolimatta, se viittaa johonkin syvälle juurtuneeseen karmalliseen syyhyn. Hengellisen tien kulkijan pitää tällöin kamppailla yhä ankarammin kääntääkseen huomionsa pois pelosta ja kyllästää tietoinen mielensä ajatuksilla rohkeudesta. Seuraavaksi – ja mikä tärkeintä – hänen pitää luovuttaa itsensä täydellisesti Jumalan luotettaviin käsiin. Saavuttaakseen Itse-oivalluksen ihmisen täytyy olla peloton.

## *Korkein usko: peloton antautumien Jumalan käsiin*

Elämä, sen olemus ja tarkoitus, on vaikea vaan ei mahdoton arvoitus. Edistysmielisellä ajattelulla ratkaisemme päivittäin joitakin sen salaisuuksia. – – Kaikista laitteista, strategioista ja keksinnöistä huolimatta vaikuttaa siltä, että olemme edelleen leikkikaluja kohtalon käsissä, ja kestää vielä pitkään ennen kuin voimme todella vapautua luonnon vallasta.

Emme millään muotoa voi kutsua vapaudeksi sitä, että olemme jatkuvasti luonnon armoilla. Intomielisyytemme kokee aina karun kolauksen ja muuttuu avuttomuuden tunteeksi, kun joudumme tulvien, tornadojen tai maanjäristyksien uhreiksi, tai kun sairaus tai onnettomuus riistää yllättäen rakkaamme viereltämme. Sellaisilla hetkillä muistamme, ettemme oikeastaan ole saavuttaneet paljoakaan. Vaikka kuinka yrittäisimme muuttaa elämäämme mieleiseksemme, tällä planeetalla on aina olosuhteita – äärettömiä ja meistä riippumattomia, tuntemattoman Älyn ohjaamia – jotka eivät ole meidän hallittavissamme. – – Kaikkine varmuuksinemmekin meidän täytyy edelleen sopeutua epävarmaan olemassaoloomme. – –

Tästä seuraa, että meidän on tarpeen luottaa pelottomasti todelliseen ja kuolemattomaan Itseemme sekä Korkeimpaan Jumaluuteen, jonka kuvaksi tuo Itse on luotu. Iloinen usko ei tunne itsekkyyttä, arkuutta eikä minkäänlaisia pidäkkeitä.

Sinun pitäisi siis antautua täydellisesti ja pelottomasti Korkeamman Voiman armoille. Älä välitä, vaikka tänään

*Pelottomuus merkitsee uskoa jumalaan*

päättäisit olla vapaa ja uljas, mutta huomenna sairastut flunssaan ja vajoat kurjuuteen. Pysy lujana! Komenna tietoisuuttasi säilyttämään uskonsa järkähtämättä. Sairaus ei voi tarttua Itseen. Kehon sairauksilla on lainmukaiset syynsä: alitajuiseen mieleesi on juurtunut terveyttä heikentäviä itseluotuja tottumuksia. Sellaiset osoitukset karman lain toimivuudesta eivät mitenkään tee tyhjäksi uskon tehokkuutta tai dynaamista voimaa.

Pidä uskosi ruorista kiinni äläkä piittaa epäsuotuisista tuulista. Ole raivokkaampi kuin raivoisa epäonnen meri, uljaampi kuin sinua uhkaavat vaarat. Mitä enemmän annat uudelleen löytämäsi uskon voimallaan vaikuttaa itseesi, sitä vähemmän olet heikkouksiesi orja.

Suonissasi ei verihiutalekaan liikahda eikä henkäyskään kulje sieraimistasi ilman Herran käskyä. Siksi täydellinen antautuminen Jumalalle on uskon vaatimus. Tämä antautuminen ei ole laiskuutta eikä se merkitse, että odottaisit Jumalan tekevän kaiken puolestasi – myös omat äärimmäiset ponnistuksesi ovat tarpeen päämääräsi saavuttamiseksi. Antautuminen tarkoittaa pikemminkin Jumalan rakastamista sekä Hänen kaikkivaltiutensa syvää kunnioittamista.

*Peloton elämä*

Minun työni on tehty, jos olen herättänyt teissä edes kipinän murto-osan siitä rakkaudesta, jota tunnen Isääni kohtaan. [Nuoruudessani] minulta meni varsin pitkään tutustua Häneen, ja minusta tuntui, etten siinä voisi onnistuakaan tässä elämässäni, sillä mieleni oli perin levoton. Mutta niin usein kuin mieleni yritti huiputtaa minua luopumaan meditaatiosta, yhtä usein minä huijasin mieltäni: "Minä istun tässä, sattuipa mitä tahansa häiritsevää. En piittaa, vaikka kuolisin yrittäessäni, vaan pysyn lujana loppuun asti." Kun jatkoin tällä tavalla sitkeästi, koin silloin tällöin välähdyksen Jumalallisesta Hengestä. Se oli kuin kipinä, niin lähellä mutta silti niin kaukana; se ilmestyi ja katosi taas. Pysyin kuitenkin päättäväisenä. Miten minä odotinkaan äärettömän päättäväisenä sisäisessä hiljaisuudessa! Mitä syvemmin keskityin, sitä kirkkaammin ja voimakkaammin vakuutuin Hänen läsnäolostaan. Nyt Hän on kanssani jatkuvasti.

Olet siunattu, sillä kuulet jumalallisen viestin, Hengen viestin, joka ratkaisee maailmankaikkeuden arvoituksen. Mitä pelkäisit? Heitä kaikki pelkosi: sinulla ei ole mitään pelkäämistä! Sinulla ei ole enää mitään pelättävää, kun olet luonut yhteyden luomakunnan kaikkia voimia, koko universumin koneistoa hallitsevaan mahtavaan Hengen

Voimaan. Voisiko sinulla olla suurempaa toivoa tai parempaa turvaa kuin yhteys Äärettömään Olevaan, joka on kaiken olemassa olevan sisin olemus? – –

Hän on ainoa turvasatama maailman myrskyiltä. "Hae Hänestä turvaa sydämesi koko innolla. Hänen armonsa kautta saat suurimman mahdollisen rauhan ja Ikuisen Turvapaikan."[8] Hänessä minä olen löytänyt elämäni ilon, olemassaoloni kuvaamattomaan autuuden, ihmeellisen, sisäisen oivalluksen Hänen kaikkiallisesta läsnäolostaan. Haluan, että myös te saatte kaiken tämän.

---

[8] *Bhagavadgita* XVIII:62.

# EPILOGI

## "Seiso järkähtämättä keskellä sortuvien maailmojen rysähdystä"

Kun aika kulkee kulkuaan, sinun pitää viimein oivaltaa olevasi osa suurta Ykseyttä. Ota päämääräksesi Jumalan oivaltaminen. Mahavatar Babaji sanoi, että pienikin määrä tätä *dharmaa*, eli hurskasta pyrkimystä tuntea Jumala, säästää sinut synkiltä peloilta.[9]

Kuoleman mahdollisuus sekä epäonnistumisen tai jonkin muun vakavan uhkan mahdollisuus herättää ihmisessä suurta pelkoa. Kun olet itse avuton ja kun perheesi tai kukaan muukaan ei voi tehdä mitään hyväksesi, miltä sinusta silloin tuntuu? Miksi sallisit itsesi vajota sellaiseen tilaan? Löydä Jumala ja ankkuroi itsesi Häneen.

Kuka oli kanssasi ennen kuin kukaan muu? Ja kun jätät tämän maailman, kuka on oleva kanssasi? Yksin Jumala. Mutta sinä et tunne Häntä silloin, ellet ystävysty Hänen kanssaan jo nyt. Jos etsit Jumalaa hartaasti, löydät Hänet.

---

[9] Hän mukaili *Bhagavadgitan* jaetta II:40. Mahavatar Babaji on ensimmäinen siinä Jumala-oivalluksen saavuttaneiden mestarien gurulinjassa, johon Paramahansa Yogananda kuuluu. Mahavatar Babaji siteerasi usein tätä säettä puhuessaan *kriya*-joogasta.

*Epilogi*

———•—————

Sinun on aika ymmärtää uskonnon tarkoitus: uskonto opettaa, miten saavuttaa ylimaallinen Ilo, joka on Jumala, suuri ja ikuinen Lohduttaja. Jos löydät tuon Ilon ja pystyt säilyttämään sen jatkuvasti, sattuipa elämässäsi mitä tahansa, seisot järkähtämättä keskellä sortuvien maailmojen rysähdystä.

———•—————

Älä pelkää mitään. Vaikka heittelehdit myrskyn armoilla, olet edelleen valtameren syleilyssä. Tiedosta aina, että Jumala on läsnä kaikkialla. Säilytä mielesi tyyneys ja sano: "Olen peloton, minut on tehty Jumalan olemuksesta. Olen kipinä Hengen Tulesta. Olen Kosmisen Liekin atomi. Olen solu Isän universaalissa kehossa. 'Minä ja Isäni olemme Yhtä.'"

# KIRJOITTAJASTA

Paramahansa Yoganandaa (1893–1952) pidetään laajalti oman aikamme yhtenä suurimmista hengellisistä hahmoista. Hän oli syntynyt Pohjois-Intiassa ja saapui vuonna 1920 Yhdysvaltoihin, jossa opetti yli kolmenkymmenen vuoden ajan Intian ikivanhaa meditaation tiedettä ja tasapainoista hengellistä elämää. Tunnustusta saaneessa elämäkerrassaan, *Autobiography of a Yogi* (*Joogin omaelämäkerta*), sekä monissa muissa kirjoissaan Paramahansa Yogananda on tutustuttanut miljoonat lukijat idän ikuiseen viisauteen. Hänen läheisimpiin oppilaisiinsa lukeutuvan Sri Mrinalini Matan ohjauksessa hänen hengellinen ja humanitaarinen työnsä jatkuu kansainvälisessä Self-Realization Fellowship -järjestössä[10], jonka hän perusti 1920 levittämään opetuksiaan maailmanlaajuisesti.

---

[10] Kirjaimellisesti "Itse-oivalluksen yhteisö". Paramahansa Yogananda on selittänyt, että Self-Realization Fellowship -nimi merkitsee yhteyttä Jumalan kanssa Itse-oivalluksen avulla ja ystävyyttä kaikkien totuutta etsivien sielujen kanssa.

*Myös Self-Realization Fellowshipin julkaisema:*

Paramahansa Yogananda:
# Joogin omaelämäkerta
*(Autobiography of a Yogi)*

Tämä arvostettu omaelämäkerta on sekä kiehtova kertomus harvinaisesta elämästä että syvällinen ja unohtumaton luotaus ihmisen olemassaolon perimmäisiin mystereihin. Heti kirjan ilmestyttyä sitä kiitettiin hengellisen kirjallisuuden mestariteoksena, ja se on yhä yksi luetuimpia ja arvostetuimpia kirjoja, joita koskaan on julkaistu idän viisaudesta.

Vangitsevalla suoruudella, kaunopuheisuudella ja älyllä Paramahansa Yogananda kertoo innoittavan elämäntarinansa: merkittävän lapsuutensa kokemukset, nuoruuden aikaiset tapaamisensa monien pyhimysten ja viisaiden kanssa kulkiessaan läpi Intian valaistunutta opettajaa etsimässä, kymmenen vuotta kestäneen koulutuksensa kunnioitetun joogamestarin luostarissa sekä kolmenkymmenen vuoden ajanjakson, jolloin hän eli ja opetti Amerikassa. Hän kertoo tapaamisistaan Mahatma Gandhin, Rabindranath Tagoren, Luther Burbankin, katolisen stigmaatikon Therese Neumanin sekä muiden hengellisten kuuluisuuksien kanssa niin idässä kuin lännessäkin. Mukana on myös laaja aineisto, jonka hän lisäsi ensimmäisen, vuonna 1946 ilmestyneen laitoksen jälkeen kertoen elämänsä loppuvuosista.

*Joogin omaelämäkerta*, jota pidetään nykyajan hengellisenä klassikkona, tarjoaa syvällisen johdatuksen joogan muinaiseen tieteeseen. Kirja on käännetty monille kielille ja sitä käytetään opistojen ja yliopistojen kursseilla. Kirja on pysyvä best-seller, joka on löytänyt tiensä miljoonien lukijoiden sydämiin ympäri maailman.

---

"Harvinainen tilitys"

—The New York Times

"Kiehtova ja kokemusaineistoon selkeästi perustuva kertomus"

—Newsweek

"Mitään tällaista joogan esitystä ei ole aikaisemmin ollut englanniksi tai millään muullakaan eurooppalaisella kielellä.

—Columbia University Press

# SELF-REALIZATION FELLOWSHIPIN JULKAISUJA

*Saatavana kirjakaupoista tai suoraan kustantajalta:*

Self-Realization Fellowship
3880 San Rafael Avenue • Los Angeles,
California 90065-3219, U.S.A.
Puh +1 323 225-2471 • Fax +1 323 225-5088
www.yogananda-srf.org

## PARAMAHANSA YOGANANDAN SUOMEKSI KÄÄNNETTYJÄ KIRJOJA

*Joogin omaelämäkerta*

*Kuinka voit puhua Jumalan kanssa*

*Metafyysisiä meditaatioita*

*Miksi Jumala sallii pahuuden ja miten päästä pahan tuolle puolen*

*Onnistumisen laki*

*Paramahansa Yoganandan sanontoja*

*Peloton elämä*

*Sielun pyhäkössä*

*Sisäinen rauha*

*Vahvistavien parannuslauseiden tiede*

# PARAMAHANSA YOGANANDAN ENGLANNINKIELISIÄ KIRJOJA

*Saatavana kirjakaupoista tai suoraan kustantajalta:*

Self-Realization Fellowship
3880 San Rafael Avenue
Los Angeles, California 90065-3219, U.S.A.
Puh +1 323 225-2471 • Fax +1 323 225-5088
www.yogananda-srf.org

### *Autobiography of a Yogi*

### *The Second Coming of Christ:*
*The Resurrection of the Christ Within You*
Inspiroitu kommentaari Jeesuksen alkuperäisistä opetuksista.

### *God Talks with Arjuna: The Bhagavad Gita*
Uusi käännös ja kommentaari.

### *Man's Eternal Quest*
Paramahansa Yoganandan koottujen luentojen ja puheiden ensimmäinen osa.

### *The Divine Romance*
Paramahansa Yoganandan koottujen luentojen, puheiden ja esseiden toinen osa.

### *Journey to Self-realization*
Paramahansa Yoganandan koottujen luentojen ja puheiden kolmas osa.

*Wine of the Mystic:*
*The Rubaiyat of Omar Khayyam — A Spiritual Interpretation*
Inspiroitu kommentaari, joka tuo päivänvaloon jumalayhteyden mystisen tieteen Rubaijatin arvoituksellisen kuvaston takaa.

*Where There Is Light*
*Insight and Inspiration for Meeting Life's Challenges*
Innoitusta elämän haasteiden ymmärtävään kohtaamiseen.

*Whispers from Eternity*
Kokoelma Paramahansa Yoganandan rukouksia ja jumalallisia kokemuksia korkeissa meditaatiotiloissa.

*The Science of Religion*

*The Yoga of the Bhagavad Gita:*
*An Introduction to India's Universal Science of God-Realization*

*The Yoga of Jesus:*
*Understanding the Hidden Teachings of the Gospels*

*In the Sanctuary of the Soul:*
*A Guide to Effective Prayer*

*Inner Peace:*
*How to Be Calmly Active and Actively Calm*

*To Be Victorious in Life*

*Why God Permits Evil and How to Rise Above It*

*Living Fearlessly:*
*Bringing Out Your Inner Soul Strength*

### How You Can Talk With God

**Metaphysical Meditations**
Yli kolmesataa hengellisesti kohottavaa meditaatiota, rukousta ja affirmaatiota.

**Scientific Healing Affirmations**
Paramahansa Yoganandan perusteellinen selostus vahvistavien parannuslauseiden tieteestä.

**Sayings of Paramahansa Yogananda**
Kokoelma Paramahansa Yoganandan lausumia ja viisaita neuvoja, hänen vilpittömiä ja rakastavia vastauksiaan niille, jotka tulivat hakemaan häneltä opastusta.

**Songs of the Soul**
Paramahansa Yoganandan mystistä runoutta.

**The Law of Success**
Selittää ne dynaamiset periaatteet, joita noudattamalla on mahdollista saavuttaa tavoitteensa elämässä.

**Cosmic Chants**
Kuudenkymmenen antaumuksellisen laulun sanat ja melodiat. Johdannossa Paramahansa Yogananda selittää, miten hengellinen laulu voi johtaa jumalayhteyteen.

## PARAMAHANSA YOGANANDAN ÄÄNITTEITÄ

*Beholding the One in All*

*The Great Light of God*

*Songs of My Heart*

*To Make Heaven on Earth*

*Removing All Sorrow and Suffering*

*Follow the Path of Christ, Krishna, and the Masters*

*Awake in the Cosmic Dream*

*Be a Smile Millionaire*

*One Life Versus Reincarnation*

*In the Glory of the Spirit*

*Self-Realization: The Inner and the Outer Path*

# MUITA SELF-REALIZATION FELLOWSHIPIN JULKAISUJA

Täydellinen luettelo Self-Realization Fellowship -julkaisuista sekä ääni- ja videotallenteista on saatavana pyydettäessä.

Swami Sri Yukteswar:
**The Holy Science**

Sri Daya Mata:
**Only Love:**
*Living the Spiritual Life in a Changing World*

Sri Daya Mata:
**Finding the Joy Within You:**
*Personal Counsel for God-Centered Living*

Sri Gyanamata:
**God Alone:**
*The Life and Letters of a Saint*

Sananda Lal Ghosh:
**"Mejda":**
*The Family and the Early Life of Paramahansa Yogananda*

*Self-Realization*
(Paramahansa Yoganandan vuonna 1925 perustama, neljä kertaa vuodessa ilmestyvä lehti)

## SELF-REALIZATION FELLOWSHIP -OPETUSKIRJEET

Paramahansa Yoganandan opettamia tieteellisiä meditaatiotekniikoita — *kriya*-jooga mukaan lukien — sekä ohjeita tasapainoisen hengellisen elämän kaikille alueille esitetään opetuskirjeissä, Self-Realization Fellowship Lessons. Tarkempaa tietoa löytyy ilmaiseksi saatavasta kirjasesta "Undreamed-of Possibilities", jota on englanniksi, espanjaksi ja saksaksi.

www.ingramcontent.com/pod-product-compliance
Lightning Source LLC
Chambersburg PA
CBHW031417040426
42444CB00005B/605